PROSPER DUCELLIER

SOUVENIR

DU

COLLÉGE SAINT-JOSEPH

(POITIERS)

> Tout ce que nous avons aimé, tout ce que nous avons admiré dans Prosper, vit et ne mourra jamais.
>
> (TACITE, *Vie d'Agricola.*)

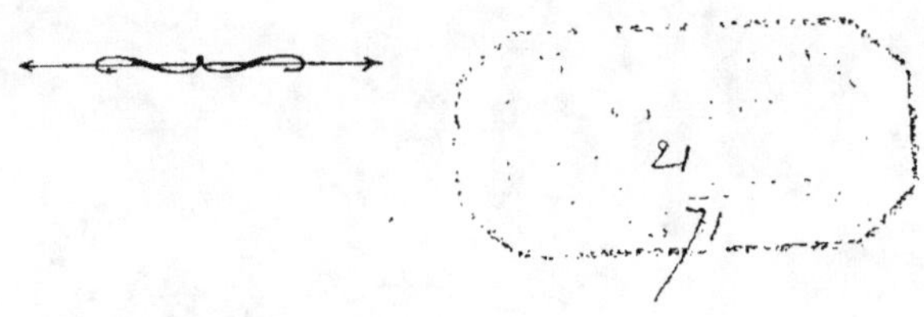

POITIERS

IMPRIMERIE DE A. DUPRÉ

RUE NATIONALE

1871

SOUVENIR

DU

COLLÉGE SAINT-JOSEPH

I.

ENFANCE.

Prosper Ducellier, né à Montmorillon le 8 décembre 1855, eut le bonheur insigne d'être consacré à Marie avant même que de vivre. Sa pieuse mère demanda de souffrir plus longues et plus cruelles les douleurs de l'enfantement, afin que sa naissance, sous les auspices de la Vierge Immaculée, lui fût un présage heureux de ferveur et de piété, double et saint désir qui fut pleinement exaucé. Le premier souffle de vie, le premier battement de cœur, la première aspiration d'âme du nouveau-né fut toute pour Notre-Dame, et plus tard il comprit si bien ce que signifiait et ce que demandait cette date providentielle, qu'elle imprima comme un cachet profond à toute sa vie. Deux mères, celle de la terre et celle du ciel, avaient à son berceau lutté de sollicitude et de tendresse ; dès lors aussi deux affections non moins douces que filiales devaient se partager son cœur : une dévotion confiante et forte à Marie, un amour délicat et tendre pour ses parents, et surtout pour sa noble mère, tel pourrait être le tableau raccourci, le résumé et l'éloge tout à la fois de la vie de Prosper. Une narration rapide des petits événements qui remplirent sa trop courte carrière montrera dans plus de détails tout ce qu'il y avait d'attachant et d'aimable, de religieux et d'enjoué dans cet écolier sitôt moissonné pour le ciel.

Le don de la foi qui lui fut transmis avec le sang, comme le plus glorieux apanage de sa famille, lui donna, dès sa plus tendre enfance, une singulière aptitude pour les vérités de la religion. Sa petite âme recevait les impressions de foi plus vives et plus promptes que la cire molle les empreintes d'un moule ; et elle les gardait aussi profondes que le marbre ses ciselures et son dessin. A peine âgé de deux ans, il s'enquit un jour, par manière de jeu, de ce que signifiait l'image du Christ attaché à la croix. Une parente charitable eut la patience de lui expliquer le mystère de Jésus crucifié par les Juifs pour le salut du monde. Tâche difficile et souvent infructueuse auprès des enfants. Qu'était-ce devant une imagination et une intelligence de deux ans ? Prosper cependant écouta tout avec intérêt et compatit avec larmes aux douleurs de Notre-Seigneur. On s'étonnait que lui, toujours si vif, si ardent, si mobile en ses désirs, eût pu soutenir son attention si longtemps en des matières sérieuses. Mais plus grande encore fut l'admiration quand, peu de jours plus tard, à la vue d'un prêtre, l'enfant courut à lui , et, du geste , des yeux, de la voix, mais en un langage tout primitif, il le tourmenta jusqu'à ce qu'il eût obtenu le crucifix qui pendait à sa poitrine. Appliquant alors avec amour ses lèvres sur les plaies du Sauveur ou montrant du doigt ses clous ensanglantés, il se mit à bégayer : *Juifs ont frappé lui ! Juifs ont frappé lui !* et mille baisers à l'image semblaient vouloir réparer les injures faites à Notre-Seigneur.

Sans doute la foi, dans cette jeune âme, illuminait l'intelligence et lui donnait une capacité plus qu'ordinaire à cet âge. Malade, vers trois ans , pour être tombé en une poêle d'huile bouillante, il ne pensait en son berceau , alors qu'une voix amie le venait plaindre, qu'à solliciter une prière, surtout une messe en l'honneur de la très-sainte Vierge , la confidente habituelle de ses peines et de ses douleurs.

Confié, à quatre ans, aux soins des sœurs de Saint-Charles , à leur asile comme à la maison paternelle, Prosper se fit remarquer par le sens profondément chrétien qui était le fond de son âme, et par la charité douce et affectueuse qui faisait toute l'amabilité de son caractère. Sans doute on sentait poindre déjà l'écolier espiègle et plaisant dont nous parlerons bientôt, mais dans ses enfantillages mêmes et ses joyeusetés on aimait à voir s'épanouir la franchise et la droiture de cœur sans ombre de dissimulation ni de détour.

Se fâchait-il, s'irritait-il, un chagrin momentané , chose rare en sa vie , assombrissait-il le front de notre petit homme de quatre ans , on avait sous la main un remède suprême, souverain, infaillible : une charmante histoire de la Bible, un récit évangélique, quelque légende de Saint apaisait aussitôt le jeune boudeur. Les bonbons n'ont pas plus d'empire sur les gourmands de cette taille que n'en avait sur lui une anecdote chrétienne ; et ce qui était le plus délicieux, c'est que Prosper, ainsi calmé, débitait ensuite, avec une naïveté et une grâce qui n'avait d'égale que sa foi, ces faits merveilleux de nos saintes Écritures, en y ajoutant, cela va sans dire, la mimique obligée et tout enfantine si fort en honneur à la salle d'asile.

A la vérité, si elle servait à tempérer les colères ou le chagrin , l'histoire sainte avait un autre but non moins pratique , c'était de servir à la riposte en cas d'étourderie , cas fréquent et nullement chimérique. La médaille a son revers, et la vertu ses défauts. Un jour, Prosper étant convié par une de ses tantes à se tenir plus sage : « Mais , repartit le malin espiègle , je n'ai pas fait, moi, *la prière de Salomon*. Je ne serai vraiment sage qu'alors ; encore....., si Dieu m'exauce !... » — Une autre fois, vers six ans et demi, dans le jardin du Jésus, à Poitiers, grimpant comme un chat sur les épaules d'un Père pour atteindre un fort beau groseillier : « *Père,* dit-il, *votre dos me sera l'échelle de Jacob.* » — Ces innocentes étourderies, fort pardonnables en un enfant, je dirai plus, très-aimables dans Prosper, ne laissent pas de donner à leur manière la mesure de sa foi , déjà tout occupée des choses de Dieu.

Quant à sa générosité et à son bon cœur , un exemple en fera voir l'excellence et la délicatesse. La salle d'asile de Montmorillon comptait nombre d'enfants pauvres, ou toutefois d'une condition peu aisée. Prosper, grâce à l'état de fortune de ses parents, emportait avec lui friandises et sucreries : grand objet de convoitise pour un enfant de cinq ans! Mais son cœur, agrandi par la foi, goûtait un plaisir plus doux, il avait un attrait plus puissant : c'était, par exemple, de se tromper de panier, de mettre ses fruits dans celui d'un voisin ou de les partager avec un petit pauvre. Était-ce donc simple mépris de ces douceurs? Non, sans doute; mais, sous l'inspiration de son âme de chrétien, il apprenait à s'en sevrer, et la victoire n'en est que plus belle pour avoir été plus difficile! La chose alla si loin, ces larcins faits à lui-même devinrent si fréquents, que la religieuse chargée de le surveiller dut les défendre. Prosper ne se réservait plus rien. « Mais, ma sœur, objecta l'enfant comme » excuse, j'ai bien déjeuné, moi; il n'en est peut-être » pas de même de chacun d'eux! Et s'ils n'ont que du » pain sec? Non, je ne veux point goûter mes fruits » qu'auparavant ils ne les partagent. » — Et souvent il fallait céder à ses instances accompagnées d'insinuantes caresses.

Un fait analogue le distingua parmi ses condisciples au Jésus; mais, avant de le rapporter, il faut dire pourquoi Prosper fut envoyé à Poitiers.

Il n'avait que six ans et quelques mois quand, au milieu de la rue, un cheval fougueux et emporté faillit l'écraser. Mme Ducellier, témoin du péril et ne prenant conseil que de son amour maternel, s'élance rapide en travers du chemin, saisit fortement son fils, le rejette et le sauve. Mais elle-même était blessée gravement à la tête par le pied de l'animal. Une longue et douloureuse maladie fut le prix de son dévoûment. Le docteur Ducellier, père de Prosper, craignit quelque temps le tétanos ; une typhoïde se déclara. La tristesse de l'enfant, l'affectueuse compassion qu'il avait pour les souffrances de sa mère, firent redouter qu'il ne fût bientôt gagné par la contagion du mal. On le remit donc provisoirement aux mains de sa grand'mère, dont la demeure, fixée à Poitiers, permettait de donner le change à sa douleur.

L'habileté qu'on déploya pour le tromper ne réussit pas à lui faire oublier ses inquiétudes, et, quelque réticences qu'on mît en œuvre, son cœur en devinait plus long. Un soir, l'enfant, toujours aux écoutes et aux aguets afin de saisir dans la conversation l'état réel de sa mère, lut dans la gaîté feinte de sa tante et dans ses larmes trop mal comprimées le danger que courait la malade. Dès lors, vains efforts pour l'égayer ou le distraire, inutiles caresses. La foi seule eut quelque prise sur son âme ; on lui insinua la résignation à la volonté de l'Enfant Jésus, mais cela même fut pour lui une étrange occasion de s'alarmer davantage. A peine un léger sommeil avait-il clos quelques instants ses paupières humides de pleurs, qu'il s'éveilla plus triste et plus inconsolable. On l'interroge : « Ah ! » répond-il ingénument, que je suis malheureux ! » L'Enfant Jésus lui-même n'a pas connu ma dou- » leur. » — « Comment, mon Prosper, que dis-tu là ? » demande sa tante avec surprise. — « Non, affirme » l'enfant, je souffre une peine que Jésus, qui a tant » souffert, n'éprouva jamais ; jamais il n'a vu sa mère

» malade, *car elle avait une chair sans péché*, et moi,
» peut-être je vais voir mourir la mienne. » Et des
flots de nouvelles larmes jaillirent de ses yeux. Pauvre
enfant ! le sacrifice ne devait pas être pour lui, la
coupe en était trop amère !

C'est alors qu'il fut envoyé comme externe au Jésus, plutôt pour s'y distraire et y passer le temps que
pour y travailler. Son âge ne lui permettait guère de
suivre aucune classe.

Le Jésus était, à cette époque, une succursale et
comme un essaim du collége Saint-Joseph.

Le Révérend Père Bonat, chargé des plus jeunes
enfants de cette colonie, reçut Prosper, et voici comment il raconte l'impression que lui fit l'arrivée de
ce nouvel et charmant élève ; jamais ce Père ne parle
avec plus de complaisance et de sympathie d'aucun
enfant :

Prosper était par l'âge et plus encore par les agré-
ments du caractère le Benjamin de la famille. Grâce
à ses naïvetés, à son entrain joyeux et plaisant, à sa
familiarité respectueuse, il faisait les délices des élèves
et des Pères ; son fond de gaîté naturelle était iné-
puisable, et il l'exploitait avec un talent et une habileté merveilleux. Les divertissements de règle ne
suffisaient point à son étonnante vivacité ; aussi avait-
il le privilége d'un supplément de récréation au milieu
de la classe et pendant un gros quart d'heure, pour
aller par la maison trotter, gambader et dépenser le
trop de vie qu'il n'avait pu employer sur la cour ; sa
discrétion cependant fut telle, que jamais on n'eut à
le gronder pour avoir abusé de cette licence.

L'espiègle n'était pas seulement un espiègle, c'était

aussi un noble cœur, compatissant envers ses camarades et plein de gratitude pour ses maîtres. Deux
traits en feront foi. Déjà, plus haut, j'ai fait allusion
au premier ; le second m'émeut à rire en me le rap-
pelant, tant il est curieux, et peint admirablement son
auteur.

Parmi ses nouveaux condisciples, Prosper distingua
bientôt un jeune Espagnol d'une douzaine d'années,
pour lequel il se prit d'une grande commisération.
Le petit écolier de six ans, éloigné de sa mère de
quelque dix lieues et pour deux ou trois mois, ju-
geait à sa propre douleur de ce que devaient être les
privations d'un étranger loin de sa famille et de sa
patrie. Il s'efforça donc de le consoler. Enfant, naturellement il imagina une consolation d'enfant : chaque
soir au repas il mit de côté, d'une main discrète, la
moitié de son dessert, et le matin l'apporta bien en
cachette à son petit ami. Ce manége, tout charitable,
dura fort longtemps et toujours dans le plus grand
secret, car le Père Bonat prit grand soin de n'en rien
apercevoir.

Mais l'autre aventure, plus pittoresque et plus ori-
ginale, montre jusqu'où, dans Prosper, allait la
franche et familière affection pour ses maîtres. Il
était au collége comme à la maison paternelle, sans
plus de gêne ni de contrainte ; il y faisait preuve de
la même expansion naïve et d'une égale liberté d'al-
lures. Rencontrant des cœurs aussi dévoués que le
sont d'ordinaire les cœurs d'un père ou d'une mère,
il était lui-même plutôt un fils qu'un disciple ou un
écolier.

Un jour de grande concertation, c'est-à-dire de

combat littéraire sur l'orthographe et le système métrique, où chacun s'escrima de son mieux et fit merveille, le Révérend Père Couë, alors recteur du collége (1861-1862), voulut bien aller féliciter ce peuple de bambins. Le dos appuyé à une table, il était tout occupé à les haranguer et à les combler d'éloges, quand tout à coup il aperçoit un gros petit mollet rouge passer sur son épaule droite ; puis un second, tout semblable au premier, escalader la gauche ; enfin deux mains charmantes lui saisir et lui enlacer le cou. Grande surprise et grande hilarité. C'était..... quoi donc ? notre bon ami Prosper, qui, rapide et léger comme un faon, avait profité du moment le plus pathétique du discours pour ravir à son Père Recteur un gros baiser. Vraiment il y avait de quoi perdre contenance. L'orateur cependant ne se troubla nullement, et, en guise de péroraison, il fit mille caresses à l'aimable audacieux.

Prosper resta peu de temps à Poitiers. La guérison de sa bonne mère le fit rappeler à Montmorillon ; mais son passage au Jésus lui laissa au fond du cœur un souvenir si embaumé, une si douce impression de reconnaissance, qu'il n'eut paix ni bonheur désormais que lorsqu'il put, six ans plus tard, revenir à son collége tant aimé.

II.

Ces détails peuvent sembler petits, mesquins, méprisables ou du moins de médiocre valeur ; mais dans un enfant mort à quinze ans et qui n'eut d'autre théâtre de ses actions que sa famille et le collége, il serait difficile de trouver de l'extraordinaire. Un écolier ne rencontre pas chaque jour l'occasion de faire des œuvres d'éclat, mais chaque jour lui apporte une série de nouvelles épreuves au contact desquelles se révèlent et se déploient ses qualités ou ses défauts.

Prosper Ducellier ne fut point un de ces petits prodiges de collége, qui commandent tout d'abord l'attention et se concilient un grand renom de sagesse et de vertu. Il avait ses imperfections, nombreuses et surtout faciles à constater, car la spontanéité et la franchise qu'il mettait en toutes choses le rendaient incapable de les voiler ; mais ses nobles qualités de cœur rachetaient et compensaient amplement sa légèreté et son étourderie. Si l'on interroge ses condisciples, ceux de sa plus tendre enfance comme ceux qui, naguère encore, l'ont vu sur les bancs de l'école,

tous s'accordent en un point : Prosper était d'un enjouement si aimable, d'un si joyeux caractère, d'une
bienveillance si universelle et si bonne, que nul ne
l'égalait ou du moins ne le surpassait en la vertu de
charité fraternelle. Cependant, comme on le·sait, la
gent écolière est sans pitié. L'admiration n'est guère
du jeune âge ; il est trop frivole et trop égoïste.
Pour qu'il puisse être plus indulgent et par là
même plus juste, il lui manque deux choses qu'une
vertu expérimentée peut seule donner : la première
èst une connaissance pratique de l'impuissance humaine, d'où ressort plus appréciable le mérite de la
moindre action de bien ; l'autre est le mépris de ces
travers de l'amour-propre qui font que parfois on
sèche de dépit à la vue d'un meilleur que soi : triste
effet de l'humaine bassesse, qui prend plaisir à ravaler
tout ce qui la dépasse.

Prosper n'avait point « *ce pédantisme de l'exactitude qui dit : Regardez-moi!* » Il ne posait nullement
comme un modèle, et si quelque chose peut excuser
ses peccadilles, ses fautes même, c'est assurément la
touchante humilité avec laquelle il en faisait le volontaire et public aveu. Mais pour n'avoir point une
vertu de montre et de parade, il n'en avait pas moins
une très-réelle et très-efficace, rehaussée par l'éclat
non trompeur de sa modestie. Le peu de conscience
qu'il avait de son mérite et la basse estime qu'il faisait de soi, est cela même qui forçait l'estime et l'admiration.

Cette réflexion a sa raison d'être comme préliminaire utile au reste de cette vie d'écolier ; elle jette
sa lumière sur la fin de ce récit et sert, un peu

plus tôt ou un peu plus tard, à écarter l'erreur trop commune qui porte la critique à s'arrêter à de beaux dehors et à se payer de belles apparences. Pourtant on ne juge point du fruit par l'écorce ; il faut percer plus avant et goûter la saveur : ainsi en était-il de Prosper. Sans condamner trop vite sa légèreté singulière et son extérieur d'enfant espiègle, il fallait percer jusqu'au cœur, et là, je ne crains pas de l'affirmer, on trouvait élévation et générosité, délicatesse et grandeur d'âme.

Jusqu'ici, nous avons vu les fruits de l'éducation maternelle, la plus saine il est vrai, la plus douce et la plus admirablement efficace. Mais si Prosper a été pieux et bon, c'est moins son fait que l'œuvre de sa mère ; désormais lui-même va se mettre à la tâche. Quoique toujours sous l'œil vigilant et inquiet de ses parents et sous la tendre impulsion de leurs conseils, il va cependant avoir plus de liberté ; sa volonté aura donc plus d'essor et il montrera mieux ce qu'il vaut. Sans doute il se gardera bien de s'émanciper ; car quitter une main si affectueuse que la main habile qui jusqu'alors a dirigé ses premiers pas, c'est courir grand risque de se fourvoyer en des chemins dangereux ou de faire de regrettables chutes ; or jamais enfant peut-être ne goûta plus suave le parfum de bonheur qu'un fils savoure à rester soumis et respectueux envers ses parents. Mais sa vertu sera moins de commande et plus spontanée ; il y aura davantage de lui-même en tout ce qu'il pourra faire, et nous verrons que ses actions n'en seront pas moins marquées au coin de la piété et de la foi. Quand les fondements d'une vraie vertu et d'un cœur sensible ont été posés par la main d'une sainte mère, l'édifice dès lors est facile à élever.

Prosper avait sept ans, il dut commencer à étudier et suivit les classes élémentaires chez les Frères de l'École Chrétienne.

Deux mots de lui caractérisent cette époque : toujours l'enfant terrible et le chrétien plein de foi. A un repas solennel où figuraient parents et amis de la maison, Prosper, le teint frais et rose, ses jolis cheveux agréablement bouclés, l'air grave et sérieux, était assis près d'un gros et bon monsieur fort jovial, mais assez peu scrupuleux en morale ; parfois il lui échappait des jurons bien articulés. Au dessert, pour flatter sans doute le père et la mère, l'invité proposa de baiser au front son petit voisin : aussitôt chaque convive se passe l'aimable enfant, et il eut force compliments sur sa grande sagesse. Revenu à sa place : « Eh bien ! Prosper, lui dit le même interlocuteur, » comment trouvez-vous mon idée ? Ce que j'ai fait, » vous plaît-il ? est-ce bien ? » — « Fort bien, Mon- » sieur ; mais, ajouta le malin, ce qui ne l'est pas » autant, c'est la manière dont vous blasphémez ; cela » offense Dieu et je le trouve fort mal. » — Là dessus, hilarité universelle, moins l'interpellé cependant, qui se mordit les lèvres d'être repris par un enfant. La mère aussi rougit fort du trop franc parler de son fils ; mais le trait était lancé, et il avait frappé juste.

Plus tard Prosper, en se promenant un jour avec sa tante, vit à un étalage d'imagerie différentes gravures dont l'une représentait le martyre d'un Confesseur de la foi en Chine. Il s'arrêta surpris et attentif ; à son œil enflammé on devinait facilement avec quel in-

térêt il contemplait ce dessin : curiosité d'enfant peut-
être, effet du coloris ou de la grotesque bigarrure des
vêtements chinois ? Aucunement. — « Ah ! que je vou-
» drais être comme ce prêtre ! dit-il tout à coup ; qu'il
» est heureux d'être ainsi torturé ! — Et comment cela ?
» demanda la tante, feignant de ne pas comprendre.
» — Comment ! n'est-il pas sûr d'aller droit au ciel ?
» Que je voudrais être à sa place ! — Bah ! tu ne sais
» pas même ce que c'est qu'un martyr. — Possible ;
» mais, tante, que quelqu'un ose soutenir devant moi
» que Jésus-Christ Notre-Seigneur n'est pas Dieu et
» qu'il ne nous a pas rachetés de l'enfer, et vous
» verrez sur quel ton je lui riposterai. Dussé-je être
» tué comme ce prêtre, je crierais de toutes mes
» forces au mensonge et à l'imposture, et Dieu me
» ferait justice. » L'audace du geste et la fermeté du
langage prouvaient l'élan et la franchise de la pensée ;
de si nobles sentiments honorent le cœur d'où ils
jaillissent, et ils n'étonnent point dans la bouche de
ce généreux enfant.

A l'enseignement des Frères succédèrent les études
latines : épreuve difficile, long et obscur travail, dont
on ne voit la fin que fort loin, et souvent point du
tout l'utilité. Qu'est-ce donc quand avec cela on est
doué d'un caractère vif, pétulant, mobile, et que, par
état de fortune, on ne sent pas le besoin de se créer
une carrière ? Sans doute quelqu'un de ces motifs fut
l'origine et la cause des premiers déboires de Prosper,
des premières gronderies sérieuses que durent lui
faire essuyer ses maîtres et sa douce mère elle-même.
Chacun chérissait le gracieux enfant ; on s'en voulait
presque autant qu'à lui d'avoir à le reprendre ; mais il

fallait bien cependant ne pas tolérer son défaut. Malgré ces faiblesses, j'irai plus loin et j'oserai dire, sans les excuser : de ces faiblesses mêmes ressort un éloge qui certes a son prix : si parfois il céda trop facilement à l'étourderie et, disons le mot, à la paresse, ce qui est une faute blâmable, il sut aussi lutter contre ce penchant naturel par des motifs de foi et de piété filiale vraiment dignes de louange. On en jugera par quelques fragments d'une lettre de M. l'abbé Périvier, professeur de l'enfant pendant près de trois ans au petit séminaire de Montmorillon :

« Prosper était d'un caractère gai, écrit l'excellent prêtre à un ami, et savait réjouir tous ses condisciples par sa pétulance et ses innocentes espiègleries. Papillonnant sans cesse autour d'eux sans distinction de personne, il promenait sa gaîté dans toute la cour. Papillon il était à son arrivée, papillon il s'en alla. Mais s'il avait le caractère turbulent de l'enfance, il en avait aussi les qualités les plus précieuses, et s'il a conservé la pureté du cœur, il le doit peut-être à cette mobilité d'esprit qui ne lui permettait même pas de s'arrêter à la pensée du mal. A quelque chose malheur est bon, et l'étourderie de Prosper, si nuisible à ses études, fut une sauvegarde pour son innocence.

» Une qualité distinctive que j'aimais à signaler en lui et qu'il m'est doux de rappeler aujourd'hui, c'est sa bonté de cœur pour ses maîtres et ses camarades. Oui, il aimait vraiment ses maîtres ; car malgré les punitions que surveillants et professeurs étaient obligés de lui infliger pour arrêter sa vivacité habituelle, il venait, après l'expiation de sa faute, jouer

2

aussitôt avec eux et plaisanter comme auparavant. Il aimait aussi sincèrement ses condisciples, et (c'est un des souvenirs les plus présents à ma mémoire) autant il insistait peu pour se faire pardonner, autant il devenait pressant pour obtenir la grâce d'autrui, et pour cela la plaisanterie venait le servir à merveille quand ses supplications avaient échoué.

. . . .

» Après sa première communion, il fit des efforts sérieux pour arrêter les élans de cette nature si pétulante. Les joies qu'il avait éprouvées à la sainte table avaient dû être bien douces, car il ne désirait rien tant que de venir goûter de nouveau les mêmes délices ; et comme sa pieuse mère, toujours inquiète au sujet de sa légèreté, redoutait une préparation insuffisante, Prosper, afin de la rassurer, faisait en sorte d'obtenir, par un travail plus soutenu, un billet de satisfaction qu'il rapportait à la maison la veille du jour où il devait communier.

» Prosper, il est vrai, n'était pas assez sérieux pour comprendre que par son travail il aurait procuré une des plus douces satisfactions à sa mère ; et comme il ne voyait pas l'utilité prochaine des avis qui lui étaient prodigués à ce sujet, il n'en prenait aucune préoccupation. Mais quand sa mère lui montrait son mécontentement en le privant des marques extérieures de son affection, il devenait tout triste et c'était bien là son véritable crève-cœur.

» Je me rappelle qu'un soir, après lui avoir donné deux ou trois fois de suite des notes moins satisfaisantes, il me dit en me suppliant : « *De grâce, Monsieur, donnez-moi une bonne note : voilà deux jours*

que je n'ai embrassé maman. » Mme Ducellier m'a
assuré elle-même autrefois que c'était là sa grande
punition, et que par ce moyen on obtenait les meil-
leurs résultats : telle était la bonté de cœur de cet
enfant !

» . . . Si je voulais résumer mes impressions, je
ne pourrais mieux le faire que par ces paroles : l'âme
de Prosper était bien vraiment un bouton de fleur,
bouton qui avait son épine et qui, au moment
d'éclore, est allé s'épanouir au ciel. »

Cette lettre, le seul document qui me soit parvenu,
est l'abrégé historique et simple de la vie de Prosper
au séminaire. Si la louange y est assaisonnée de justes
reproches, à la critique aussi correspond une admiration non moins méritée.

A cette période se rattache encore un fait qui, ce
me semble, n'est pas indigne d'être raconté. On an-
nonçait un jour à Prosper la mort subite d'un certain
homme de sa connaissance. — « Au moins, s'est-il
confessé ? demande l'enfant avec anxiété.

— Bah ! ricanèrent deux étudiants en se moquant
d'une si naïve question : un peu d'huile de plus ou
de moins sur les pieds et sur les mains, il serait tout
de même passé de vie à trépas, le pauvre homme !

— Sans doute, avoua Prosper sans perdre contenance, mais si le sacrement ne l'eût pas empêché de
mourir, peut-être l'eût-il préparé à le bien faire !

— Oh ! hasardèrent encore les deux étourdis, je
vous demande un peu à quoi cela sert, l'Extrême-
Onction ?

— A quoi ! riposta fortement l'enfant piqué au vif : à
purifier des lèvres qui, comme les vôtres, ont la fai-

blesse de laisser échapper de sottes impertinences ; et ce n'est pas petite besogne : il ne faut rien moins que le sang de Notre-Seigneur. *Ce grand sacrement n'est-il pas institué de Dieu comme les autres?* Or vous faites à Dieu, je pense, l'honneur de croire qu'il s'entend à ce qu'il fait? Vous êtes, Messieurs, trop gens d'esprit pour ne lui en reconnaître pas quelque peu. »

Les libres penseurs imberbes durent trouver la réponse assez peu courtoise ; mais Prosper ne marchandait point ses paroles quand on le blessait dans ce qu'il avait de plus cher, et sa foi ne comprenait pas qu'aucun homme pût se rire de Dieu.

III.

LE COLLÉGE SAINT-JOSEPH.

Donner un jouet à un enfant et le lui retirer aussitôt est le meilleur moyen d'aiguillonner son désir et d'exciter son envie. Le collége Saint-Joseph avait sur l'âme de Ducellier quelque chose de ce prestige enchanteur; à peine l'avait-il entrevu, et il s'y forgeait un idéal partout ailleurs irréalisable. Quand le jeune élève du séminaire se prenait à rêver au plaisir qu'il avait goûté jadis à Poitiers, il n'y tenait plus; tout lui devenait insupportable, et alors il était même injuste ou exagéré dans ses jugements. Rien à Montmorillon d'aussi bien, rien d'aussi beau qu'à Saint-Joseph; son imagination y courait sans cesse et retrouvait, ce semble, à chaque coin ou recoin de la maison quelque parcelle de son cœur. Mais d'un autre côté, il y avait lutte acharnée; sa tendresse filiale donnait de rudes assauts à ce charme secret et puissant qui l'inclinait vers ses anciens maîtres. Quitter un père, une mère si légitimement et si affectueusement chéris, froissait la délicatesse de son âme; il fallut cependant sacrifier l'une des deux joies: Prosper fut envoyé à Poitiers.

La rentrée des classes était le 6 octobre. Prosper se présenta joyeux et plein d'entrain ; mais presque au lendemain de son arrivée la lutte recommençait : le cœur du fils s'en prenait au cœur de l'écolier. La première lettre datée du collége exprime admirablement ce choc des deux affections ; elle mérite entière citation.

« École libre Saint-Joseph , octobre 1869.

» Ma bonne mère,

» Que je suis donc content de vous pouvoir écrire » une longue lettre. Il m'a été impossible de résister » plus longtemps à la tentation. Je commence à com- » prendre combien il est dur de se séparer. Les soirs » d'hiver vous ne serez plus, il est vrai , ennuyée par » mes leçons jusqu'à dix et même onze heures; vous » pourrez prendre votre repos quand il vous plaira » et vous verrez que vous ne serez plus malade » comme par le passé ; moi seul je vous causais la » plus grande de toutes les fatigues. *Soignez-vous* » *bien pour moi ;* faites comme si je devais revenir » chaque soir. Pensez toujours à moi , mais pas au » point de pleurer en lisant ma lettre.

» Je suis lancé pour tout, pour *travailler* , pour » *être sage* et pour m'amuser. Soyez sans inquié- » tude , je commence à m'accoutumer. Oh ! que j'ai » pleuré pourtant quand je vous ai vue partir. Je » sais bien la différence qu'il y a maintenant : je » voudrais bien être à mon ancienne place de demi- » pensionnaire. Quand je vois les autres s'en aller, » je me dis : *Qu'ils sont heureux; il faut que je reste,*

» *moi!* Enfin mon parti est pris ; mais il est bien dur
» de ne plus vous voir tous les deux , mon père et
» vous !

» Nous avons été à la campagne : goûter délicieux,
» petits pains chauds, beurre frais, gâteaux, vin et li-
» monade , rien ne manquait. Le Père Préfet est
» venu jouer aux barres avec nous : j'ai eu le plaisir
» de le délivrer et de prendre mon surveillant.

» Tous les soirs, en me couchant, je pense à vous ;
» tout le temps que je ne dors pas , je dis comme
» toujours mon chapelet, et puis un *Pater* et un *Ave*
» pour que vous puissiez dormir sans penser à moi.

» Nous allons commencer à faire des thèmes grecs ;
» je vais m'appliquer à cette nouvelle science. Mes
» leçons jusqu'à présent ont été bien sues et je ne
» suis pas trop mal sage en classe. A l'étude, je n'ai
» pas encore bavardé. Pour la récréation, il n'est pas
» difficile d'être sage..... »

Voilà le style, voilà l'enfant. Si la bouche parle de
l'abondance du cœur, en vérité ces paroles prouvent
un cœur plein de noblesse et d'élévation. Mais loin
d'exploiter au profit de la paresse une prétendue affection molle , inefficace, sans nerf, comme en simu-
lent les paresseux de collége, affection qui n'est que
sensiblerie , affection de ceux qui n'en ont point et
dont le résultat le plus certain est d'endormir la vigi-
lance des parents , Prosper entendait avoir un amour
tendre , mais fort , mais raisonnable, mais effectif.
Le doux souvenir de sa famille et le regret d'en être
éloigné n'étaient qu'un aiguillon de plus au travail et
à la vertu.

Dès le premier jour donc, notre écolier est en plein

exercice de ses devoirs , déjà tout habitué , dispos et allègre, le cœur à la besogne , la gaîté dans l'âme , abordant avec entrain les difficultés et prêt à les enlever de haute lutte : non qu'il s'attende à n'éprouver aucun échec ; il se connaît trop et ne s'étonnera point de ses défaites ou de ses défaillances ; mais il est également disposé à ne s'en décourager aucunement et à poursuivre quand même le combat.

Le collége est pour un élève ce qu'est le camp pour un soldat. Il y a des lois avec leur sanction , des exercices avec leur récompense, des manifestes , des proclamations, que sais-je ! des ordres du jour, des croix d'honneur , des promotions même qui distinguent le mérite et le talent. Il y a surtout une compagnie d'élite aux armes et aux livrées de la reine du ciel : c'est la congrégation. Prosper, par sa conduite, obtint les récompenses les plus enviées, il eut les charges les plus honorables, il s'éleva aux rangs les plus distingués, en un mot il réussit à goûter toutes les joies de la vie écolière. Je me trompe, il fit mieux. Ce n'est pas lui qui goûta ces plaisirs ; jamais il n'eut d'autre ambition que de contenter ses parents. S'il faisait d'énergiques efforts pour comprimer sa dissipation ou s'appliquer à mériter des louanges, la plus grande part de son bonheur était le bonheur de sa mère.

Belle et riche nature , caractère ouvert , noble cœur, il plaisait, il attirait , il attachait au premier abord. Ses condisciples , moins exercés à analyser leurs impressions quoique malins observateurs d'autrui, subissaient à leur insu ce charme que l'aimable enfant savait répandre autour de lui sans efforts ni

préméditation. Le premier joueur de la cour , dur à
la peine , hardi dans le péril , toujours joyeux et
ardent, infatigable et passionné, facile à satisfaire, il
était l'âme de tous les jeux , l'organisateur de toutes
les parties, et souvent le plus grand agrément des
récréations. De disputes, d'altercations, de fâcheries,
jamais avec lui il n'en était question. Une plaisanterie venait à point terminer ses différends, si jamais
on lui cherchait noise, et il ignora toujours ce qu'est
la rancune.

S'il était bon camarade , il était aussi bon élève.
Sans doute , l'étourdi se faisait parfois rappeler à
l'ordre, quand sa légèreté l'emportait trop loin ; parfois aussi sa promptitude à expédier thème ou ver-
sion lui valait des compliments équivoques sur son
étonnante facilité ; mais, je l'ai dit, point de torts
graves, point de fautes sérieuses ; des espiègleries
seulement, des enfantillages et des joyeusetés. Ses
notes de diligence et de conduite, ses bulletins tri-
mestriels témoignent de son travail et de sa régularité ; et ce devrait être une des consolations de ses
parents si, hélas! le prix de l'objet perdu n'était la
mesure même de leur douleur! Jamais en deux ans
aucun de ses maîtres n'éprouva une ombre d'ennui ou
de mécompte à le surveiller ou à l'instruire.

Prosper était un vrai type d'écolier : franche piété,
droiture d'âme, gracieux enjouement, admirable sin-
cérité ; toutes ces qualités enfin qui font l'ornement
de la jeunesse brillaient en lui d'un éclat incontes-
table. La bonté de son cœur s'épanouissait dans le
sourire de ses lèvres ; mais la gratitude surtout , le
respect , je dirai même la tendresse envers ses

maîtres débordait de toutes parts de cette âme si noblement et si naturellement affectueuse , ou plutôt il n'avait point de maîtres, je le répète ; il ne voyait autour de lui que des Pères, et il les aimait comme il avait appris à chérir sa famille.

Son Père Recteur , comme il l'appelait dans sa familiarité respectueuse , tombe-t-il malade : « Ah ! s'écrie Prosper avec douleur, que je demande à Dieu de lui accorder de longs jours pour le collége et pour moi ! il est si bon ! »

Ces mots s'échappaient de son cœur deux mois à peine après son entrée au collége. A partir de ce jour, il n'arrivera pas le moindre changement dans la santé du R. P. Argand , qu'aussitôt l'enfant n'en minute tous les petits détails. Sa récompense la plus douce autrefois était, on se le rappelle, un baiser de sa mère : au collége, il fait des miracles de sagesse pour obtenir de son Père Recteur une marque d'affection. S'il la conquiert, il ne se sent pas de joie et va redire avec transport à sa mère toute son allégresse.

Lorsque, par une mesure aussi arbitraire que vexatoire , le collége fut licencié , sous prétexte de préparer un logement à des malades qui ne vinrent jamais, Prosper fut l'un de ces généreux élèves dont l'attachement réjouit si fort le cœur attristé de ses maîtres. L'un de ses condisciples avait écrit sous l'inspiration des plus nobles sentiments :

« Ma bonne mère ,

» Le collége est licencié , les journaux vous l'ont
» appris. Ce qu'ils n'ont pas dit et n'ont nul besoin
» de dire, c'est le bonheur que j'aurais à vous em-

» brasser. Mais les Pères, inquiétés par ce décret,
» ont besoin plus que jamais d'être consolés. C'est
» le moment de leur témoigner de l'affection. Je
» sacrifie donc le plaisir au devoir. Je reste. »

Par allusion sans doute à cette visite nocturne que firent au collége les triomphateurs du 4 septembre, un autre élève avait dit : « Si nos bras sont trop fai-
» bles pour défendre nos maîtres, nos cœurs au moins
» prouveront combien nous leur sommes dévoués! »
Paroles aussi honorables pour les enfants qu'elles furent consolantes et douces pour les maîtres ! Prosper, mu par ce même sentiment délicat de la reconnaissance, voulut être demi-pensionnaire pour ne point abandonner son collége. La vie cependant y était devenue, depuis nos désastres, naturellement pénible et dure.

« Votre lettre, avait écrit l'enfant à sa mère dès
» la fin de décembre 1870, votre lettre m'a montré
» qu'il n'y a pas que nous seuls à nous ennuyer.
» L'air que nous respirons nous semble de plomb.
» Rien ne peut nous distraire. On nous change de
» jeux toutes les semaines : pendant deux jours on
» s'amuse, car tout nouveau, tout beau, comme
» dit le proverbe ; mais le reste du temps se passe
» à rien faire, si ce n'est que par-ci par-là on entend :
» *Oh que je m'ennuie! que je m'ennuie!* Et puis
» tout cela est coupé par les allées et venues des
» zouaves, par le son du clairon et du tambour;
» l'on voit des uniformes de toute sorte, de tout ré-
» giment, de tout grade. Si nous allons en prome-
» nade, l'air nous paraît un peu moins lourd. Mais
» là encore des blessés, appuyés sur des béquilles,

» la tête enveloppée d'un linge ou le bras en
» écharpe.

» De temps en temps on nous annonce de grandes
» victoires qui sont officielles, et le lendemain il
» s'agit à peine de quatre hommes et un caporal.
» On nous lit rarement le journal. Nous sommes
» presque cloîtrés. Au parloir, ma tante nous annonce
» toujours du nouveau qui ne date que de huit
» jours. »

Il fallait que l'atmosphère d'ennui et d'inquiétude
fût très-lourde et fort épaisse pour abattre à ce point
notre écolier. Mais sa gaîté lui est encore une res-
source ; il en assaisonne ses lettres, comme il la ré-
pand au milieu de ses camarades.

Aucun élève peut-être plus que Prosper Ducellier
n'a montré en cette occasion la sincère gratitude
qu'il avait pour ses maîtres. Or ce sentiment, le
plus noble et le plus pur, est la pierre de touche des
grands cœurs. Il n'y eut pas une souffrance morale
ou physique, pas une privation, pas un embarras
même éprouvé par l'établissement, qui n'eût un profond retentissement dans l'âme de l'enfant. Jusqu'aux
bâtiments de son collége qui lui étaient chers presque autant que la maison paternelle. Dans le délire de
la fièvre, à ses derniers jours, un de ses tourments
était de penser que plus de cinq cents mobiles du
Cantal encombraient encore les corridors et les
classes de Saint-Joseph, et il s'écriait avec indigna-
tion : « Mon beau collége ! mon beau collége ! comme
ils le dégradent ! »

———

IV.

Ce qui précède suffirait à prouver outre mesure
combien tendrement Prosper chérissait sa mère, ainsi
que la très-sainte Vierge Marie, ces deux gardiennes
de son enfance. Toutefois il n'est pas inutile, ce me
semble, de grouper ici tout ce qui aurait échappé à
mon récit, afin de mieux faire ressortir encore cet
aimable caractère.

Un soir, je demandai à un petit élève que la cha-
leur tenait éveillé : « Mon enfant, à quoi pensez-
vous avant votre sommeil? — Mon Père, je pense
comme vous, je suis sûr. — Mais encore? — Je songe
à mère de la terre, puis à mère du ciel. » A semblable question, Prosper eût fait même réponse ;
nous en avons pour garant sa première lettre citée
plus haut.

Ses camarades admiraient le choix d'expressions
qu'il savait employer en parlant de sa famille. Plusieurs me l'ont fait remarquer et s'en édifiaient gran-
dement. En effet, il avait alors comme un langage
à part, qui dévoilait à la fois une exquise politesse,

un scrupuleux sentiment des convenances et, ce qui est préférable, une profonde vénération et un culte tout filial. Un appel à son cœur de fils lui tenait lieu de reproche, de conseil, d'encouragement ou de récompense.

On aime dans la nature ce doux épanouissement de la vie, cette force puissante et modérée tout à la fois qui fait éclore à son heure la plus humble dés plantes et grandir dans le silence l'arbre le plus gigantesque. L'union de cet élan spontané et de la règle cachée qui le dirige, cet ordre si magnifique, dans une liberté d'expansion si grande, arrache à l'âme un cri d'admiration : c'est le beau qui ravit, qui enflamme, qui élève et laisse entrevoir un reflet de la Divinité ! Mais qu'y a-t-il là de comparable à l'accroissement et à la floraison de cette plante la plus délicate et la plus noble de toutes, l'enfant ! Rien ne plaît, rien ne touche, rien ne saisit aussi profondément que le spectacle d'un jeune-homme qui, dans l'éclat de la vie, dans la vigueur de l'âge, dans l'impétuosité des passions les plus impérieuses, conserve toute sa naïve simplicité, son aimable douceur et son affectueuse tendresse. Cela surtout est le beau, et voilà pourquoi la vue d'un enfant vertueux repose l'âme et l'embaume d'un si agréable parfum. Mais qu'on ne s'y trompe pas, cette fleur de l'éducation chrétienne s'étiole au plus léger contact. Aussi le signe le plus infaillible peut-être d'un cœur honnête et chaste est-il cette virginité même des pensées et des affections qui n'ont d'attrait que pour les choses nobles et légitimes et ne s'attachent qu'au bien et à la vertu. Ordinairement le degré d'amour et de respect qu'un fils porte à ses parents est la mesure de son innocence et de sa pureté de cœur. Ce cachet d'une âme bien née marqua toute la vie de Prosper. Comme le petit enfant se laisse mener à la lisière et n'a d'assurance qu'autant qu'il sent la main maternelle, ainsi Prosper à seize ans, par instinct et par amour, était resté d'une dépendance et d'une docilité sans réserve. Quand on a pour boussole le cœur d'une mère chrétienne et qu'on règle sa conduite sur ses conseils, on est sûr de marcher droit au port. C'est ce que fit constamment notre cher écolier. « Ah ! ma bonne mère, s'écrie-t-il dans une lettre, vous craignez, me dites-vous, de m'ennuyer par vos mêmes et pieuses recommandations ! Non certes, car en tout cela je ne vois que votre bonté et votre zèle et veux être fidèle à vos avis.

» Quant à obtenir un *a*, c'est chose difficile, car cette note est *très*, *très*, *très-bien*, et le partage tout au plus de quatre ou cinq élèves. Mais qu'y a-t-il d'impossible à Dieu et à la sainte Vierge ? Je me mettrai sous sa protection mercredi 8 décembre (1869) et ferai, de mon côté, tout ce qui dépend de moi. Adieu ! adieu ! Hélas ! qu'il est court ce petit moment d'entretien ! Votre fils qui vous embrasse. »

La simplicité, l'épanouissement de cœur était, je l'ai dit plusieurs fois, une des plus belles vertus de cet aimable enfant ; mais avec sa bonne mère il avait une ouverture complète. Nul coin obscur, nul secret, point de ces rétrécissements ou de ces détours, détestables fruits de l'égoïsme ou d'une honte d'orgueil. Il sait trop à quoi il se fie pour rien craindre du cœur de sa mère. Son âme est transparente comme le cristal. Se laisse-t-il quelque jour échapper à commettre une fredaine d'écolier : avant même qu'elle soit connue de personne, il en écrit à sa mère et lui demande de le gronder. Elle est la dépositaire de ses desseins et son ange de bon conseil. Mais aussi lui arrive-il, comme le 23 janvier 1871, à peine deux mois avant sa mort, d'être le premier en vers latins, il court chez son Père Recteur, et haletant de joie il s'écrie, avant même de recevoir la croix et le ruban : « Je télégraphie à Montmorillon. Jamais encore je n'ai été le premier. Quelle surprise pour ma mère ! » Il doit tout à sa mère, il lui fait hommage de tout succès.

Mme Ducellier avait compris que la piété fait tout l'homme, qu'elle est l'aliment et la sauvegarde des autres vertus. Elle avait compris que la reine du ciel est la mère de toute piété et la dispensatrice des grâces divines. Voulant donc que Prosper fût pieux, elle voulut qu'il fût dévot à Marie. Au collége, la congrégation réunit sous sa bannière les élèves qui font profession spéciale de servir la très-sainte Vierge. L'entrée dans la congrégation fut dès lors le but proposé aux efforts de son fils, le gage d'amour préféré et demandé avec instance. Dire tout le courageux travail de Prosper pour atteindre ce terme, serait trop long. J'indiquerai brièvement quelques-unes de ses industries.

L'aumône, mais la plus délicate et la plus généreuse, mais la plus constante et la plus libérale, fut l'un des moyens qu'il choisit. Je fus touché jusqu'aux larmes un jour des arguments pressants qu'il me donna pour me forcer à accepter l'argent de ses

menus plaisirs. J'avais refusé sur je ne sais quel prétexte.

« Mais, Père, me dit alors l'enfant avec une pointe
de malice, vous nous avez lu que l'aumône couvre la
multitude des péchés. Ne voulez-vous donc pas que je
fasse oublier de Dieu mes continuelles sottises?

— Vous êtes trop prodigue. Chocolat, bonbons,
toutes les douceurs qu'on vous envoie y passent im-
pitoyablement.

— Oh! ne craignez pas ; il m'en restera toujours
assez pour demeurer gourmand. Nos petits pauvres
sont peu gâtés par les friandises. Avez-vous remarqué
comme ils ouvrent les yeux à la vue d'une orange! Je
prends plus de plaisir en vérité à la voir croquer ainsi
à belles dents qu'à la manger moi-même.

— Mais vous êtes un importun. Si vos parents,
si votre tante vous écoutaient, vous feriez des folies !

— Par hasard, est-ce qu'ils ne sont pas chré-
tiens et n'aiment pas les pauvres aussi ?

— Allez, votre faconde est intarissable.

— Ah! Père.

— Point de réplique.

— Moi qui offrais cela pour obtenir la grâce d'être
congréganiste ! »

J'étais vaincu, mais heureux de voir dans cette
jeune âme tant de sentiments élevés.

Une autre fois, la veille de Pâques, je crois, nous
avions fait pour nos pauvres les frais d'un repas rela-
tivement somptueux. Il fallait le porter à domicile.
Or, pendant toute la récréation, pluie torrentielle. En
tout autre cas, il y eût eu grande concurrence et on
se fût disputé le plaisir et l'honneur de visiter et de

servir notre famille. Mais je jugeai imprudent de sortir et allai vers les élèves, après le repas, les avertir que dans l'après-midi j'enverrais un des domestiques faire cette surprise à nos bons amis les pauvres. Prosper m'épiait. Il m'attendait avec impatience. Je n'oublierai de longtemps l'air caressant avec lequel il m'aborda :

« Mon Père, je vous ai accompagné la dernière fois, il est vrai. Cependant aujourd'hui la promenade n'est pas *très-courue*. Il y a peu d'envieux. Voulez-vous de moi ?

— Il pleut trop fort, je craindrais pour votre santé ?

— Qu'à cela ne tienne, je suis robuste et pas gros : *je passerai à travers les gouttes de pluie.* Et d'ailleurs, que de fois ne me suis-je pas mouillé pour mon plaisir ! je puis une fois le faire sans plus de danger pour une bonne œuvre. Je me sens une terrible envie de voir la mine des cinq bambins, nos protégés, à la vue d'un tel régal. Tenez, partons ; nous ne ferons qu'aller et venir, sans prendre froid en chemin, et aussitôt de retour, nous changerons. N'est-ce pas, je vais chercher Hélie, mon cousin ? Il est comme moi, il a besoin de conversion ; *ça lui fera peu de mal au physique et beaucoup de bien au moral.* »

Le discours me déconcerta. Décidément j'avais affaire à forte partie.

A l'aumône Prosper joignit la prière. Outre l'énergie de son travail plus persévérant, outre les communions fréquentes offertes, à l'intention toujours de forcer l'entrée de la congrégation, il récitait, avec une régularité qu'admirèrent plusieurs de ses con-disciples, son chapelet chaque soir, ou, pour me servir de l'expression même d'un élève de sa classe,

> Le rosaire en ses mains, il tressait chaque soir
> La couronne qu'au ciel il devait recevoir.

Ce distique, inspiré par l'amitié, porte le cachet de la vérité, s'il n'a pas entièrement celui de l'élégance poétique. Marie en effet, avant de le récompenser plus magnifiquement dans la céleste patrie, voulut couronner ici-bas les efforts de son fidèle et dévot serviteur.

Le 8 décembre 1870, le 15e anniversaire de sa naissance, Prosper Ducellier put écrire, radieux et fier :

« Ma bonne mère,

» Je viens vous apprendre une bonne nouvelle. » Vous m'aviez demandé cela toute l'année dernière » et je n'avais pu réussir à vous le donner. Il y a là- » dedans, je l'avoue, un peu de la puissante protec- » tion de Marie. Je suis, non plus un simple appro- » baniste, mais parfaitement bien un congréganiste! »

Quelle joie pour le fils et pour la mère! Je ne sais qui des deux eut la plus large part. Mais ce qui est indubitable, c'est que ce jour était l'aurore d'un autre plus brillant, préparé par Marie à l'heureux écolier.

Si l'amour et le culte de la très-sainte Vierge est le gage le plus sûr de salut, comme on n'en peut douter, le pieux enfant était bien marqué au cœur du sceau le plus certain de la prédestination. Peu d'élèves aussi volontiers que lui aimaient à parler de Notre-Dame. C'était pour son âme un besoin,

et il n'avait point de plus pures délices. En tout
il cherchait à voir la main de sa puissante patronne ;
et si jamais il faisait la moindre bonne action, il la
mettait toute au compte de Marie.

D'ailleurs, en toute occasion, sa piété se montrait
admirable. Lui, d'ordinaire si léger, portait à la cha-
pelle un air grave, sérieux et recueilli. Les céré-
monies avaient à ses yeux l'intérêt et le charme du
spectacle le plus touchant. Je le vois encore, à chaque
prière, faire son grand signe de croix avec la foi et
la simplicité la plus édifiante. Jamais le soir il ne
manquait de prendre de l'eau bénite, et même, tout
enfant, il avait la naïve attention de crier de son
berceau à son père et à sa mère, après le souhait
habituel de bonne nuit : « Surtout donnez bien
votre cœur à Dieu et dormez ! » — Quand il avait
un présent à faire, son choix ordinaire était un objet
de piété, une médaille ou un crucifix.

Comme conclusion de ce sujet, peut-être n'est-il
pas hors de propos de citer une composition hâtée,
il est vrai, sans correction, et jetée sur le papier par
l'enfant en un moment de douce ferveur. Voici les
circonstances :

Le 8 décembre 1869 inaugurait, on le sait, l'ouverture du Concile œcuménique. C'était grande fête
au collége Saint-Joseph : illuminations, fanfares,
vivats enthousiastes en l'honneur de l'immortel et
saint Pontife Pie IX ; rien n'y manquait. Mais afin
que la solennité portât son fruit et que cet élan du
cœur fût suivi d'un effet réel et durable, les élèves
de la troisième division eurent l'inspiration de placer
sous leurs yeux en étude, une statue de l'Enfant

Jésus, qui les rappelât sans cesse à plus de travail et d'abnégation. Avec la fête commune, il y eut donc fête particulière à la salle d'étude. Un concours avait été établi, et une image promise à celui qui ferait à cette occasion le plus gracieux à-propos. Prosper obtint la palme dans sa classe. Je ne sais lequel est le plus charmant, ou la manière dont il annonce ce succès à sa bonne mère, ou la piété avec laquelle il composa son petit dialogue :

« Le Révérend Père Recteur, malgré ses souffrances, est venu, dit-il, bénir notre statue. Une image, vous le savez, était promise à qui ferait la plus belle prière. Je pense que la sainte Vierge m'a éclairé dans cette circonstance, la mienne était magnifique, la mieux réussie de toute ma classe, de sorte que le Révérend Père Recteur, devant les élèves et les Pères, m'a donné cette image, que je vous envoie à mon tour, afin qu'en la regardant vous puissiez dire : « C'est d'une prière qu'il l'a gagnée ! »

Maintenant il faut citer l'œuvre, moins les fautes d'orthographe et les négligences de style par où l'étourdi de quatrième se montre encore :

HOMMAGE A JÉSUS.

DIALOGUE.

Le Dahlia, le Bouton d'Or et la Violette.

LE BOUTON D'OR. — Passant, jetez l'œil sur mes belles corolles d'or. Voyez quelle riche couleur se peint sur mes fleurs et comme je l'emporte par mon éclat sur toutes les autres plantes.

Le dahlia. — Oh! tu n'es rien en comparaison de moi. Vois avec quelle élégance je m'élève! Au bout de chacune de mes tiges s'épanouit une fleur empourprée, qui rayonne comme un soleil et se laisse doucement pencher. Toi, qui me viens aux pieds, tu oses vanter ta beauté et ton éclat devant moi! Tu n'y songes pas : personne ne te voit, je t'obscurcis aux yeux de tous.

Le bouton d'or. — Je l'avoue, vous me surpassez en grandeur ; mais je n'ai pas une tige seulement, j'ai tout une gerbe d'or, et lorsqu'une de mes fleurs s'éteint, une autre la remplace. Vous au contraire vous n'avez plus, après votre première floraison, que des branches sèches et dépouillées.

Le dahlia. — Prends garde, téméraire, je n'ai qu'une tige ; mais n'eussé-je qu'une fleur, c'est un dahlia.

Ainsi parlaient ces plantes orgueilleuses.

Dans le parterre où elles se confondaient, une violette, humble et cachée, ne disait rien ; son parfum seul la dévoilait. Les deux fleurs la prennent pour arbitre : « Qui de nous deux l'emporte? » dit le dahlia certain de son prix. La violette, sans daigner se retourner, dit simplement : « A d'orgueilleux comme vous on ne répond pas ! » Alors le dahlia furieux : « Plante chétive et obscure, qui caches ta laideur sous le gazon, viendras-tu nous mépriser ainsi, nous qui t'éclipsons par notre grandeur et notre beauté? Va, moi, le roi des fleurs, je te méprise! Ce passant sera notre juge. »

L'homme interpellé ne fit pas long choix : il se baissa et prit l'humble violette.

Alors le dahlia, dans sa colère, releva la tête et dit :
« Toi aussi, tu veux ajouter à ma honte ! Vois mes
fleurs de pourpre, si belles , si larges, si artistement
dentelées, et tu choisis cette fleur hideuse ! Rejette-la
loin de toi et me cueille ! » Et à ces mots, il se
baissait pour être pris avec plus de commodité. —
« Non , s'écrie alors le bouton d'or , c'est moi, moi,
qu'il faut préférer. Regarde mes fleurs de safran qui
se balancent sous l'haleine du zéphyr. » Et il écartait
sa gerbe d'or. Mais le passant ne jeta sur toutes deux
qu'un regard de dédain.— « Rabaissez votre superbe
orgueil, et peut-être alors pensera-t-on, dit-il, à vous
cueillir. Pour toi, violette gentille , charmante fleur ,
que ferai-je de toi ? où te placer ? » — « Aux pieds
de Jésus, ton créateur et le mien. Lui seul m'a donné
mon parfum ! »

O Jésus ! que ne puis-je, comme cette violette, vous
embaumer de mes vertus, vivre et mourir à vos pieds
divins ! Aujourd'hui j'y dépose mon cœur. Daignez
le regarder et le bénir !

V.

DERNIERS JOURS.

» Ma bonne mère,

« Je suis encore tout heureux de pouvoir vous
» écrire, car je vous envoie cette fois un premier
» témoignage ; par conséquent, j'ai droit à une sortie
» de faveur, que je prendrai quand vous serez ici,
» en plus de la sortie du carnaval. Je joins à ma
» lettre mon ruban de premier, afin que vous le gar-
» diez.

» Il faut avouer que cette année est exceptionnelle
» en événements de tout genre ; car jusque-là, jamais
» je n'avais eu la croix, jamais je n'avais obtenu de
» premier témoignage, et puis j'ai été reçu congré-
» ganiste. »

Telles étaient les paroles de Prosper, ses espé-
rances et ses joies à la fin de janvier. Hélas ! février
apportait de terribles épreuves ! Le 7, une fièvre,
d'abord assez mal caractérisée et devenue bientôt

une violente typhoïde, saisit l'enfant au milieu de ses rêves de bonheur.

J'ai dit sa vie, il me reste à raconter sa mort. Dans cette tempête de douleurs que Prosper va subir , le fond de son âme sera mis à découvert; mais on n'y verra, comme auparavant, que noblesse et générosité. Je suivrai pas à pas le journal de sa maladie ; il renferme des détails trop touchants. On y sent je ne sais quelle fraîcheur, quelle délicatesse chrétienne de sentiments qui enbaume et qui réjouit : c'est un contentement profond, suave , intime, très-pur et très-sensible à la fois, une douce joie de se trouver en contact avec une belle âme et un bon cœur.

Dès le début de la maladie, M. et Mme Ducellier vinrent à Poitiers prodiguer eux-mêmes à leur fils tous les soins. Longtemps Prosper, par sa gaîté, par ses propos badins et amusants, par sa plaisante manière de se rire de la douleur, réussit à mettre sa mère dans l'illusion : on aime tant à douter de ce qu'on redoute !

Le samedi 11 février, quatrième jour de la fièvre , Mlle Hélie, tante de l'enfant, qui avait la douloureuse consolation de partager les inquiétudes des parents, proposa une neuvaine à Prosper. Il sourit à cette pensée. Son cœur brûlait d'un amour si ardent pour Marie, qu'il trouvait tout simple d'aller à elle. Il le fit donc avec la familiarité qu'il eût mise à solliciter une faveur auprès de sa mère. Chaque matin, après avoir offert par Marie à Notre-Seigneur toutes ses douleurs, il en demandait la guérison. Sa mère s'unissait à lui ; elle mêlait ses larmes aux prières de son fils. Pauvre mère! sans doute elle eût voulu garder son Prosper afin d'en faire un chrétien fervent et un homme de bien ! La très-sainte Vierge eut meilleur dessein : elle préféra l'appeler au séjour des saints et en faire un élu. Prières et vœux n'eurent d'autre effet que de sanctifier le malade. Nul changement dans la santé ; seule la joie de l'enfant, son attitude calme, souriante, enjouée, faisaient croire à quelque adoucissement de la fièvre ; mais elle poursuivait en secret son œuvre de destruction.

Quinze jours déjà de continuelles souffrances avaient épuisé ses forces ; il n'y avait que le courage qui tînt ferme. La prudence conseilla de disposer Prosper à toute éventualité. Sous prétexte de faire ses quarante heures, il se confessa le premier jeudi de carême, et communia le lendemain. La scène charmante de sa dernière communion ravit tous les cœurs.

La veille au soir, l'enfant répétait à son père : « Demain, demain, je recevrai Notre-Seigneur. Que je suis heureux ! » La nuit fut pénible, le mal cruel ; et cependant son front rayonnait d'une douce joie. Il avait hâte de voir le jour. Dès le matin, le Sauveur lui vint faire sa visite ; c'était vraiment le dernier viatique que recevait le malade. Sans doute il le comprit ; car à peine eut-il goûté les douces paroles que lui adressa Notre-Seigneur dans ce suprême cœur à cœur, qu'il voulut embrasser tous les siens, et les yeux baignés de larmes, il leur dit : « Je lui ai bien demandé de me guérir ; s'il le veut, il le peut, et… je l'espère. » Mais les pleurs de l'enfant dévoilaient assez que le désir de consoler sa mère, bien plus qu'une vraie conviction, inspirait ces paroles de confiance.

Deux jours d'un mieux factice ne réussirent qu'à mettre Mme Ducellier dans une plus grande illusion. Le dimanche 26 février, la fièvre redouble. « Petite mère, demande Prosper, comme unique soulagement à ses maux, restez aujourd'hui près de moi, n'allez pas à la messe; Dieu vous le pardonnera; je souffre tant ! » En effet, l'assaut du mal fut violent. La tête en feu, l'œil abattu et immobile, les membres agités, l'enfant a besoin de toute l'énergie de sa volonté pour ne pas se plaindre et murmurer; il n'y a que le cœur qui reste en lui plein de vie et d'amour. Vers midi, il a une de ces inspirations chrétiennes dont les grandes âmes ont seules le secret. Il appelle sa tante et lui dit : « Je vous en supplie, puisque la fièvre me tient cloué sur mon lit et que mes camarades ne peuvent venir me voir, allez et *dites à mon cousin de leur serrer à tous la main avec cœur en mon nom* » C'était l'adieu fraternel.

Toujours oublieux de lui-même et occupé des intérêts de son collége, il apprend qu'un étourdi, sous l'impulsion d'un sentiment de paresse ou peut-être d'une pensée de générosité, a quitté furtivement Saint-Joseph et s'en est allé à travers champs rejoindre un de nos corps d'armée; dès lors il s'inquiète, il tremble, il questionne à toute heure et demande si le jeune échappé est enfin de retour. L'idée surtout du chagrin que doit causer une telle escapade aux parents de l'écervelé, l'attriste et le désole.

Cependant la fièvre suivait son cours ; on regardait le vingt-unième jour comme décisif, et il le fut en effet. C'était le mardi 28 février. M. Hélie, oncle de l'enfant, lui fit une visite. Prosper, maîtrisant la douleur, se

montre calme, reconnaissant, joyeux même ; sa gaîté
ne l'avait point abandonné ; il parla de vacances , de
projets lointains , de desseins. d'avenir et finit en di-
sant : « Surtout, n'allez pas raconter à ma cousine que
je suis au lit, elle se moquerait de moi ! » A peine avait-
il fini cet entretien, qu'un doux sommeil le saisit.
Depuis de longues heures il n'avait point reposé avec
autant de calme. A son réveil, il se retourna doucement vers sa mère , et d'un regard plein d'amour et
de compassion, il sembla quelque temps l'interroger ;
puis, comme faisant effort à son propre cœur, il dit de
son ton le plus caressant : « Mère, oh ! quel drôle de
rêve j'ai fait ! » — « Lequel donc, mon Prosper ? » —
« Je me suis vu placer en un tombeau, et sur la pierre
étaient gravés ces mots : *A la mémoire de Prosper
Ducellier.* » — Une lueur de crainte traversa l'âme
de la pauvre mère ; un instant elle s'épouvante ;
mais un rêve ! doit-on se fier à un rêve ? Elle le
raconte, le discute, puis lit dans les yeux de ceux qui
l'écoutent, qu'elle veut malgré tout y voir, l'espérance.

Cependant le docteur Ducellier, debout au chevet
de son cher malade , s'aperçoit de l'intermittence du
pouls. Le délire s'empare de Prosper. Hélas ! cruelle
révélation ; nul doute désormais n'était plus possible :
ce songe était un véritable avertissement de son bon
ange, qui sans doute le voulait disposer au dernier
combat.

La nuit fut orageuse. L'enfant faisait bien , il est
vrai, de suprêmes efforts pour renouer ses idées et
n'alarmer point sa bonne mère ; mais, après de longs
intervalles d'assoupissement , il s'échappait à redire :

« A quinze ans ! à quinze ans ! » L'heure fatale approchait donc ! Et il le savait !

Pendant le jour, plusieurs visites des Pères de Saint-Joseph semblèrent tempérer la douleur. Son surveillant de récréation étant venu lui parler, l'enfant retrouva sa verve joyeuse et ses aimables plaisanteries : « Vous voyez, Père, dit-il en souriant, le bon Dieu fait comme vous, *il me met aux arrêts !* »

Le jeudi, vingt-troisième jour de la fièvre, le mal avait fait d'effrayants progrès ; l'enfant resta tout le jour dans un état de prostration et de stupeur alarmant ; rien ne pouvait l'en arracher ; une voix amie, dont les accents lui allaient au cœur, fut seule capable de le retirer un instant de ce lourd sommeil.

« Prosper, mon fils, regardez-moi ! M'entendez-vous ? »

Le moribond entr'ouve ses grands yeux, à demi-voilés déjà par la mort :

« — Ah ! mon Père Argand ! » dit-il avec effort, et la vie semble renaître.

« — Oui, mon cher enfant, je suis votre Père Recteur, je viens vous voir. C'est aujourd'hui le 2 mars, et ce matin, il y a eu distribution des témoignages. Un nom manquait à l'appel, c'était le vôtre ; moi j'ai voulu venir apporter à mon Prosper sa légitime récompense.

» — Oh ! merci, mon Père, merci mille fois de tant de bonté et d'affection pour moi ! » dit l'enfant. Puis, prenant avec reconnaissance le témoignage, il le tend à son tour à M. Ducellier : — « Tenez, cher papa, celui-là est valable et de bon aloi ; je ne l'ai pas gagné dans mon lit, serrez-le bien avec les autres. »

Le pauvre père, le cœur brisé, ne sut que verser des larmes.

Après le départ du Révérend Père Recteur, Prosper demande à sa tante de l'aider à prier encore ; mais il articulait à peine les paroles et bientôt il retomba dans la même léthargie ; dès lors il ne fit plus que baiser, à de courts intervalles, une relique de la vraie croix qu'il avait voulu garder entre ses mains.

La nuit suivante semblait devoir être la dernière, tant la lutte entre la vie et la mort était violente. Seule Mme Ducellier, l'œil penché sur le moribond, se refuse à croire au malheur qui la menace. Son amour se rattache obstinément à la moindre espérance. Cependant vers le milieu de la nuit, emportée tout à coup par la douleur, elle se lève, quitte le chevet de son fils, entraîne sa sœur, et dans l'appartement voisin tombe évanouie et comme frappée de la foudre. Mlle Hélie s'efforce de la consoler, mais en vain ; sa douleur est muette, sombre et sans oreille pour les paroles de confiance. Une lumière sinistre a traversé subitement son âme et lui a dévoilé la terrible réalité. Qui décrira une telle angoisse ? un cœur de mère comprend seul ce crucifiement intérieur de l'amour, je doute qu'il le puisse exprimer. — « Non, non, répète la pauvre mère avec l'accent le plus déchirant. Je veux mon fils ; il est à moi. Dieu, vous ne pouvez être si cruel ! » Mais la foi surmonte peu à peu la nature. Elle se jette aux genoux de Marie ; des flots de larmes jaillissent de ses yeux ; elle se plaint, elle gémit, elle implore. Enfin, d'une voix suffoquée, elle prononce la parole douloureuse du sacrifice : « Oui, mon Dieu ! que mon martyre vous soit agréable et salutaire à mon enfant ! » Et de nouvelles larmes inondent ses joues.

Un cri de Prosper rappela les deux sœurs à son chevet. La mère saisit alors la tête de son bien-aimé, l'appuya, la pressa sur son sein, et pendant les quarante heures d'agonie qui suivirent, elle ne voulut plus s'en détacher. Peu de temps après cet acte d'immolation à la volonté divine, Prosper en fit lui-même un autre non moins généreux. Alors qu'on n'entendait plus sortir de sa poitrine que le râle de la mort, on le vit se frapper comme un pénitent, on l'entendit réciter le *Confiteor*, invoquer Marie et dire avec force : *Mon Dieu, donnez-moi toutes vos souffrances !* Ce fut, après quelques paroles d'affection à sa famille, son dernier mot.

Le vendredi, dès le matin, il reçut l'extrême-onction ; mais il ne s'en aperçut point. La violence du délire avait troublé sa raison et ce fut par une espèce de prodige que la vie persista en lui jusqu'au samedi 4 mars, vers deux heures et demie du soir. Sans doute Marie, qui avait béni sa naissance, voulait l'assister à sa mort ; aussi mourut-il comme il était né et avait toujours vécu, sous les auspices de la Vierge Immaculée. A la nouvelle de son trépas, ses condisciples voulurent réciter le chapelet, et les larmes plus que les prières encore montrèrent combien Prosper était aimé de chacun d'eux.

Le Révérend Père Recteur, occupé au chevet d'un autre mourant, apprit vers deux heures le danger du cher malade ; il accourt aussitôt, mais arrive trop tard. « Voilà, dit M. Ducellier, en montrant le corps inanimé de son fils, voilà ce qui me reste ! »

La douleur aveuglait le pauvre père : il venait d'envoyer au ciel un élu.

Poitiers, Saint-Joseph, 11 juin 1871.

Poitiers. — Typ. de A. Dupré.

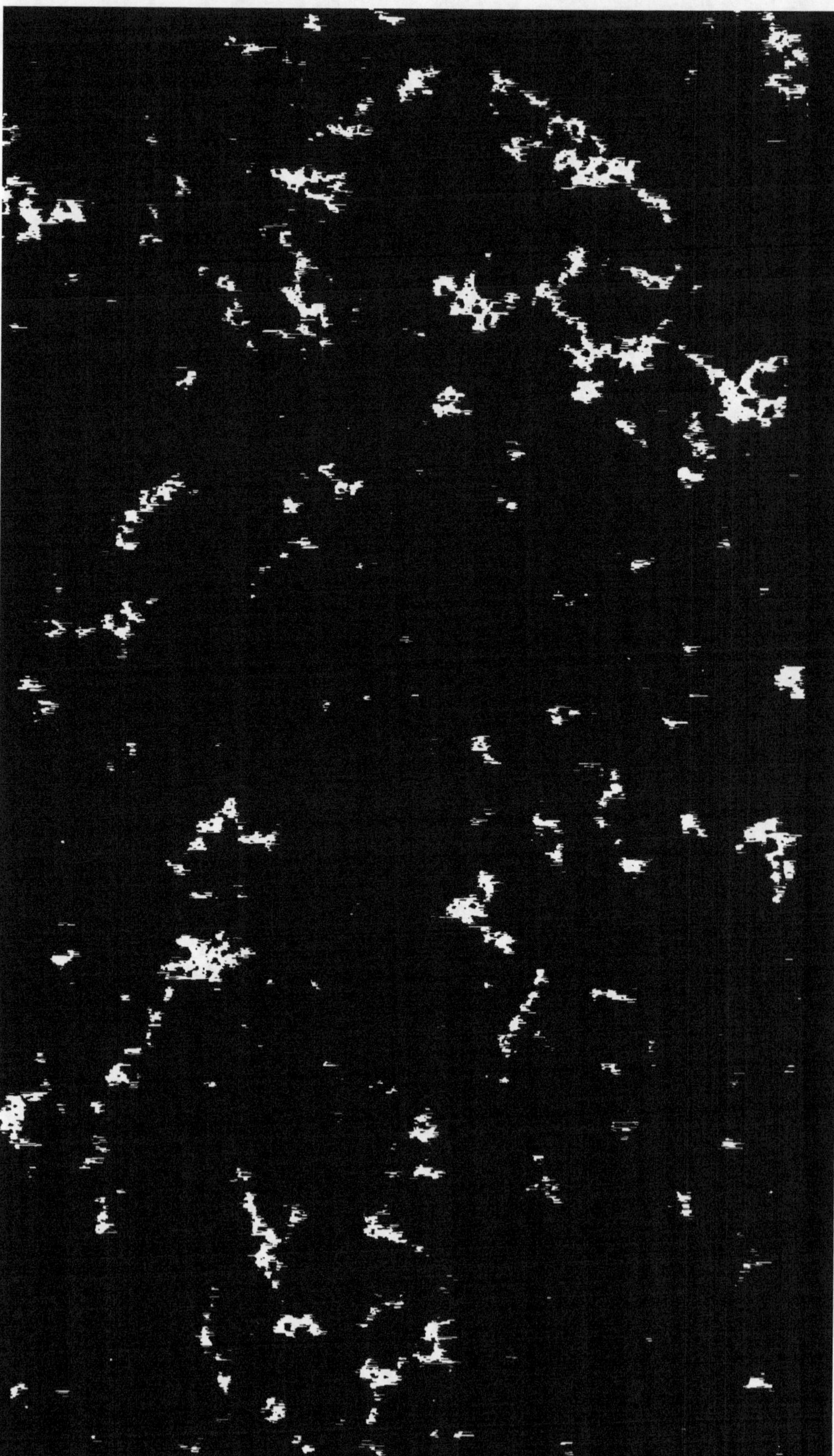